Gedichte

aus der Reihe
„Perlen unserer Erinnerung"

Jahreswende –
von Anfang bis Ende

Carmen Sabernak (Hrsg.)

Bibliografische Information der Deutschen Nationalbibliothek:
Die Deutsche Nationalbibliothek verzeichnet diese Publikation in der Deutschen Nationalbibliografie; detaillierte bibliografische Daten sind im Internet über dnb.d.nb.de abrufbar.

Impressum
2016 © Carmen Sabernak, alle Rechte vorbehalten

Herstellung und Verlag:
BoD - Books on Demand, Norderstedt

Cover, Satz und Layout:
Nicole Mewes

Bildnachweise:
© by-studio © sonne fleckl - Fotolia.com
© Carmen Sabernak und Nicole Mewes - Privatarchiv

ISBN: 9783741276798

Inhalt

Vorwort

Carmen Sabernak hatte die Idee, die Erinnerungen
unterschiedlicher Menschen zu sammeln.

Erinnerungen, die wertvoll wie Perlen sind. Sie fragte
in der Teltower AWO-Gruppe nach und es fanden
sich schnell MitstreiterInnen.

Einmal im Monat trafen sie sich, tauschten Erinne-
rungen aus, lasen aus ihren Geschichten und ver-
brachten schöne gemeinsame Stunden. So wurde
recht schnell der Entschluss gefasst, diese „Perlen
unserer Erinnerungen" in kleinen Büchern aufzube-
wahren.

Die Geschichten sind so unterschiedlich, wie die
Menschen, die sie erlebt haben. Einzelne Geschichten
wurden zum Teil schon vor einigen Jahren ver-
fasst. Deshalb finden sich teilweise auch noch Texte
in der alten Rechtschreibung.

Diese wurden absichtlich nicht angepasst, denn es sind Perlen aus der betreffenden Zeit.

~ 6 ~

Wir wünschen Ihnen ebenso viel Vergnügen beim Lesen, wie wir Freude hatten, das Buch zu gestalten.

Herzliche Grüße
das AutorInnenteam

Jascha

Ich wünsche dir ein schönes Leben.
Das Glück der Welt soll an dir kleben.
Und wird dir doch ein Schicksalsschlag
geschehen,
Sollst du nicht nur Leid drin sehen.

Schon jetzt seh ich in dir Kraft und Mut.
Ziehe davor meinen Hut.
Bist für mich das größte Wunder,
Ein Teil von mir –
Machst mein Leben noch runder.

Susanne

Unsere Erde

Unter'm Himmelszelt existiert ein Welten-
trabant,
„Die Erde" wurde er genannt.
Was ist geschichtlich aus ihr geworden?
Jahrhunderte Krieg und ständiges Morden.

Umherziehende, frevelnde, plündernde Massen
– stets im Namen „Gottes" – es ist nicht zu fassen.
Religionen aller Arten ersticken in Pein –
ob Juden, Christen, Muslime. Muss das sein?

Wer maßt sich an, über andere zu richten?
Und wieso können's die Völker nicht schlichten?
Es reden so viele „Jedem das Seine"
und jeder will Reichtum für sich ganz alleine.

Es stirbt die Natur – auch
unsere Tiere – aus Fressgier,
Habgier und Idiotie.

Es gibt tönende Worte:
„Wir schaffen das schon.“
Doch wie soll man's schaffen?
Der reinste Hohn.

Die einen zetteln Kriege an,
andere soll'n sie weiterführen –
auch unserer Land.

Man hatte einmal vor Jahren geschworen –
nie wieder Krieg, nie wieder Waffen.
Auch viele Deutsche mussten
damals ihr Land verlassen.

Im Namen aller Religionen tritt erneut
Waffengewalt ein.
Warum und weshalb muss es dieses Mal sein?
Unsere Soldaten werden für andere sterben,
sind sie etwa „Gottes Erben“?
Helft unserer Erde –
nicht „Jedem das Seine“.

Schützt unsere Erde –
es gibt nur die eine.

Jeanette Lamprecht

Jahresende

Das Jahr neigt sich dem Ende zu,
die Arbeit ist vollbracht.
Jetzt können fleiß'ge Hände ruh'n,
sie haben es geschafft.
Ein Tässchen Tee zu gemütlicher Stunde
und gute Musik auch, in froher Runde.
Sieh oben am Himmel, ein Engel, er lacht.
Bringt Heil uns und Segen zur „Stillen Nacht".
Mit Glocken–Liedern und Kerzenschein
läutet das „Alte"– das „Neue Jahr" ein.
Das Neue Jahr – soll nur Gutes uns bringen
und all das, was wir wünschen,
mög's uns gelingen.

Jeanette Lamprecht (2013)

Winterzeit

Wenn es draußen „getzt"(*) und schneit,
ist der Winter da juchhei.
Wenn viele, weiße Flocken fallen,
Kinderstimmen fröhlich schallen –
„Lieber guter Weihnachtsmann" –
Mensch, so freu Dich doch –
denn dann –
ist auch Knecht Rupprecht nicht mehr weit,
oh „Du schöne Weihnachtszeit".

Jeanette Lamprecht (2014)

(*) getzt - wird in meiner Heimat verwendet für stürmisches Wetter

Winter

Es fällt der Schnee ganz sacht zur Erde,
wie eine große Flockenherde.
Der Wind, er pustet ihn weit und breit
in der schönen Winterzeit.
Die Kinder jubeln, freuen sich sehr
auf's Fest, auf Geschenke und vieles mehr.
Laßt uns feiern, mög es gelingen,
allen Menschen auf Erden, Frieden zu bringen.
Vor allem Gesundheit immerdar
und nicht nur „Heute" – nein „Jedes Jahr".
Gebt auch etwas ab, von Euren Gaben,
damit nicht nur ihr – auch „Sie" – etwas haben.
Helft in der Not, laßt keinen allein –
denn nur so,
kann Weihnachten –"Weihnachten" sein.

Jeanette Lamprecht (2014)

Mein Geburtstag

Nun bin ich also – 70 –
Mensch wie die Zeit vergeht,
wohin sind all' meine Jahre?
Sie sind wie vom Winde verweht.

Ich bin nicht mehr jung –
aber auch nicht uralt,
und da es vielen so geht,
läßt's mich völlig kalt.

Hier ein „Weh–Wehchen"
dort ein Zipperlein–
hin und wieder 'ne „OP",
so stellt das Alter sich ein.

Ich mache deshalb kein großes Gewese,
bin nur noch 'ne Teenager-Spätenlese.
Mein Leben gestalt' ich mal ernsthaft –
mal heiter,
steig dabei weiter empor –
auf der Himmelsleiter.

Komme oben ich an,

sagt Petrus „Tritt ein!

Jetzt bist Du zu Hause,

darfst für immer hier sein".

Jeanettte Lamprecht (2016)

Für meinen kleinen Til

Unser Til hat heut Geburtstag,
seht Euch den kleinen Burschen an.
Anfangs war er total schüchtern,
jetzt geht er wie „Blücher" 'ran.
Ist verrückt nach großen Autos,
Kipper-Bagger-Feuerwehr –
wird am heut'gen Tag - 3 - Jahre,
Hipp-Hipp-Hurra, was will man mehr.

Oft macht er auch nur das was er will,
die kleine „Gusche" steht kaum still.
Er blubbert hier, er blubbert da,
mal zieht er eine Schnute, mal lacht er
Ha, Ha, Ha.
Sitzt gern vor'm Fernseher, schaut Trickfilme
an,
darüber lacht er so niedlich, der kleine Mann.
Wir mögen ihn alle - lieben ihn sehr
unseren kleinen Hüpfer - von Tag zu Tag mehr.

Möge im Leben stets „Alles" gelingen,
es ihm Freude, Gesundheit und Fröhlichkeit bringen.

Sei herzlich gedrückt, sorge dich nicht,
mein liebes Enkelkind,
weil liebe Menschen an Deiner Seite sind.

Jeanette Lamprecht (2011)

Für meine liebe Tara

Meine Enkelin Tara, ein klasse Mädchen,
dreht hin und wieder auch mal am Rädchen.
Sie kann es noch tun, sie ist ja noch Kind,
und wie schnell schwindet die Kindheit dahin.

Doch sie wird es schon richten,
sie weiß, was sie will.
Die kleine Schnute steht niemals still.
Sie wird immer das machen, was sie gern mag,
mal toben, mal still sein, das ist ganz normal.

Ihre Hobbies sind Puzzle, Feen und Pferde
davon hätte sie am liebsten 'ne riesige Herde,
ob lebendig oder von „Schleich" –
das ist ihr gleich.

Unsere kesse kleine Jule,
kommt demnächst auch schon zur Schule.
Dort lernt sie Rechnen, Schreiben und Lesen –
unser kleines, lebhaftes, munteres Wesen.

Brüderchen Til hat dazu noch Zeit,
er hat es gut, er ist ja erst „Drei".
Meiner Tara wünsche ich sehr viel Glück,
alles zu meistern, mit viel Geschick.

Meine kleine Enkelin, ich mag sie so sehr,
sie ist so grundehrlich, was will man mehr?
Ich wünsch ihr Gesundheit und vor allen Dingen
möge im Leben ihr alles gelingen,
denn mit Freude, Ausdauer und nötigem Mut,
wird doch im Leben so vieles gut.

Jeanette Lamprecht (2011)

Unser Rentnerclub „Neuseddin"

Unser Rentnerclub ist prima,
unser Rentnerclub ist schön,
jeden Donnerstag ab „Eins"
sieht man viele dorthin gehen. –
Ob mit Rollator oder per „Been"–
es ist ein eifriges Geh'n.

Es gibt Kaffee und Kuchen,
das beflügelt uns sehr,
die Stimmung ist klasse,
was erwartet man mehr?

Jedoch das Tollste im Gewühl,
ist das Romm'e und Skat-Kartenspiel.
Wir sind 'ne enorme, kämpferische Schar –
zu allem bereit, ist doch ganz klar.

Wenn auch manch einer denkt,
und der bildet sich ein
von allen im Club der Allergrößte zu sein,

da könnt man laut lachen, doch man lächelt fein
still –
und man denkt was man will.

Nun stell ich einfach die Kämpfer mal vor,
passt alle gut auf und spitzt euer Ohr.

Mit Tisch Nummer Eins – ganz vorn fang ich an;
da zeigt jeder Kämpfer stets was er kann.
Frau Jurisch, Frau Woltmann und die Frau Bluck
geben zum „Spielen" sich stets einen Ruck.
Sie spiel'n wie die Profis – man hört's ihnen an
sie trällern und juchzen – und fang'n das Spiel
an.

Tisch Nummer Zwei – ist mit Ehemännern be-
stückt,
Herr Schmidt, Herr Raudzins und auch der Herr
Lück.
Sie spiel'n voller Eifer, brüllen öfter sich an,
aber steh'n, wenn's drauf ankommt, fest ihren
Mann.

Doch jetzt liebe Leute wird's nicht ganz geheuer,
Tisch Nummer Drei – einer mit Frauenpower.
Frau Nispel, Schmolling, Raudzins und Lück,
genießen mit Freuden ihr Romm'e-Glück.
Sie spielen drauflos, dass die Balken sich biegen,
sie sind voller Ehrgeiz und nicht unterzukriegen.

Nun kommt Tisch Nummer Vier – mit den
lustigen Weibern,
nein!, nicht die von Windsor – Neuseddiner Weiber!
Sie lamentieren, gestikulieren, artikulieren und
diskutieren
und könnten sich oftmals ausschütten vor Lachen
und ähnlicher Sachen.
Frau Röber, Frau Hennig und Frau Riese,
so nennen sich diese.

Jetzt die letzten vom Tisch Fünf dieser Runde,
denen geht's ebenso von Stunde zu Stunde.
Frau Geipel, Frau Lamprecht und Frau Krusche,
stehen da zu Buche.
Sie spielen als würd' es um's Leben gehen,
dass einem die Haare zu Berge stehen.

Da ist ein Geplapper im großen Raum –
Hilfe, man hört das eigene Wort kaum.
Es wird lautstark geklopft, gezetert, gewettert,
Karten geknallt, kleine Flaschen gebechert,
man trinkt genüsslich so allerlei –
vom Eierlikör bist zum flüssigen Brei.

Und die Betreuerin der Senioren, das ist Frau Thiele
sie blüht da auf wie eine Lilie.
Sie kocht Kaffee und schneidet den Kuchen auf,
verteilt alles gerecht – das ist nun mal Brauch.

Auch wird an Geburtstagen Sekt gereicht,
die Gläser dafür stehen immer bereit.
Der eine trinkt mehr, der andere wenig,
wer die Flasche pur austrinkt, wird unser König.
Ob Sekt, Schokolade, Kekse oder Kuchen,
manche müssen vorher schon alles versuchen.

Ja, man ist zu uns sehr gerecht
und solche Betreuung ist gar nicht so schlecht.
Unser Sponsor, die AWO, organisiert oft schöne
Sachen,

darüber freu'n wir uns sehr, können's oftmals
nicht fassen.

Und die Gemeinde vergisst uns ebenso nicht,
ich möcht's nur erwähnen – in diesem Gedicht.
Auch gäbs noch sehr vieles zu berichten,
aber leider lässt sich nicht über alles was dichten.

Zum Schluss räumt Frau Thiele den Club noch auf,
macht das Licht aus, schließt ab und geht wie
wir nach Haus.
Dafür danken wir sehr und freu'n uns schon drauf,
wenn wir nächste Woche wieder sitzen – alle zu Hauf.

Jeder Rentner, der Lust hat, zu uns zu kommen –
ist sehr gern gesehen und herzlichst willkom-
men.

Jeanette Lamprecht

Vom Elend in aller Welt

Nach zwei grausamen Kriegen,
die Europa brachten Not und Leid,
hört man wieder von Kampf und Siegen
im Orient, das ist ja weit.
Doch nun kommen Flüchtlingsströme
unbegrenzt in unser Land
und man hört ein laut Gestöhne.
Manches Haus hat schon gebrannt.
Die Einen möchten Multi-Kulti.
Die Ander'n fürchten Überfremdung
der Kultur, der wunderbaren.
Und so liegt sich halb Europa
wegen der Asylanten in den Haaren.
Viele Menschen wollen helfen.
Die Rechten aber sind dagegen.
Ist diese neue Völkerwanderung
für uns ein Fluch oder ein Segen?
Viele Fragen steh'n noch offen
bei der Bewältigung der Probleme
und wir wollen ständig hoffen,
daß alles ein gutes Ende nehme.
Dazu den Regierungen Willen und Verstand –
bei uns und in jedem betroffenen Land.

Gela (2015/2016)

Danke und Wünsche

~ 33 ~

H adere nicht mit deinem Schicksal,
wenn dir im Leben etwas nicht gelingt.
Wer weiß, wozu es gut ist!

Gela

I ch wünsche Dir,
daß du immer eine sichere Heimat
und hilfreiche Freunde hast.

Gela

Dem Menschen ist nicht nur Glück beschieden.

Eine Wolke ist stets am Himmel.

Genieße die heiteren Tage!

Gela

E s gibt im Leben viele Möglichkeiten
sich zu streiten.
Tue den ersten Schritt zur Versöhnung!

Gela

Spiele eine gute Rolle in deinem
Lebensumfeld,

aber spiel' dich dabei nicht auf.

Gela

Mit einem Lächeln
öffnet man Türen und Herzen.
Also lächle auch Du!

Gela

Teltower Rübchen

In Teltow gibt es sehr viel Sand,
hier baute man mit fleißiger Hand
ein Rübchen an, ein kleines,
geschmacklich – ach so feines –
als „Teltower Rübchen" weit bekannt.

Schon Goethe und auch Kant
wurden sie zugesandt.
Die ließen sie sich munden,
in ganz besonderen Stunden –
sie waren ja so pikant.

Man aß sie mit den Gästen,
auf glamourösen Festen.
Geschwenkt in Zuckercouleur,
mit Butter, Pfeffer und mehr,
genoss man sie nur mit den Besten.

Gela / Carmen

Der Lebenslauf

Man wird unter Schmerzen geboren,
klein und faltig, mit zu großen Ohren,
mit anderen Fehlern, mit normalem Verstand
und wird zum „Kronsohn" oder Tochter ernannt.

Es vergehen Tage oder Stunden,
dann kommen Verwandte, die dich bewundern.
Alle sagen: „Ganz der Papa, die Mama".
Wünschen dir alles Gute
und sind bald nicht mehr da.

Du wirst nach dem Baby ein kleines Kind.
Läufst bald durch das Haus wie der Brausewind.
Wie im Fluge vergeht die Zeit
und als Schulkind bist du so weit,
zu erkennen,
das Leben besteht nicht nur aus lauter Freud'.

Man muß stillsitzen und lernen,
wo man doch spielen wollte, so gerne.

Man strampelt sich ab, an die zehn Jahre;
die Schule ist überhaupt nicht das Wahre!

Man kommt in die Lehre oder zum Studium
und dann ist die „Schonzeit" wirklich um.

Du stehst im Beruf,
mußt mit Problemen kämpfen,
die Eltern woll'n das Beste, doch sie dämpfen
deine Wünsche, deine großen Pläne
und das Leben zeigt seine scharfen Zähne.

Du willst aufgeben, dann machst du weiter.
Gelangst doch auf die Karriereleiter.
Mal treibt dich die Hektik voran.
Mal ist Stillstand dann und wann.
Mal hast du Pech, mal hast du Glück.
Du kommst weiter, ein kleines Stück.

Doch das Glück ist nicht von Dauer.
Nach einem kurzen Erfolg
liegt 'ne Krankheit auf der Lauer.

Der Partner stirbt. Du gibst nicht auf,
nimmst weitere Schwierigkeiten in Kauf.

Die Zeit vergeht und du wirst alt.
Deine Kinder geben dir festen Halt.
In stillen Stunden denkst du vor dich hin:
Hatte dein Leben einen Sinn?

Du kommst dabei sogar ins Träumen,
willst das Meiste nicht versäumen.

Das Leben reißt oft tiefe Wunden.
Es besteht aus Arbeit und Streben
und aus Sekunden werden Stunden,
aus Jahren wird ein ganzes Leben.
Das wird es immer wieder geben.
So oder auf andere Weise,
geht das Schicksal auf die Reise.

Gela (13.03.2016)

Potsdam

U m Potsdam war mal viel Natur,
mit Pflanzen und Tieren in Wald und Flur.

Jetzt gibt es dort Brücken und Straßen.

Die Autofahrer hupen und rasen.

Sie suchen nach einer schnelleren Spur.

Susanne / Gela

Jahreszeiten

Gela / Carmen

Im Frühling erwacht die Natur,
es grünet in Feld und Flur,
die Vöglein zwitschern Lieder,
putzen ihr Gefieder
und singen in Moll und in Dur.

Im Sommer wächst Korn und Klee
im Wald springen Hase und Reh.
Die Sonne scheint sehr heiß,
von der Stirne perlt der Schweiß.
Es kühlt ein Bad im See.

Im Herbst da wird es richtig bunt,
die Früchte wachsen fast in den Mund.
Die Ernte auf dem Feld und im Garten,
darf nun nicht länger warten.
Obst und Gemüse sind ja so gesund.

Im Winter, da fällt der Schnee
und abends schmeckt Kräutertee.
Es gibt so manche Schneeballschlacht,
dabei wird gejuchzt, getobt und gelacht.
Schnee tut gar nicht weh.

Blanker Wahnsinn

Der größte Feind der Menschheit ist,
der Mensch, der Egoist.
Für viel Gut und viel Geld
zerstört er pausenlos die Welt.
Ob Mensch, ob Tier, nichts wird geschont –
alles muß weg, wenn es sich lohnt.
So geht es in der ganzen Welt,
bis alles in Trümmer und Elend fällt,
bis sich der Gletscherboden zeigt,
bis der Meeresspiegel steigt,
bis flache Inseln ganz verschwinden,
bis wir keine Atemluft mehr finden.
Diesen Wahnsinn zu stoppen
ist unsere Pflicht,
eine andere Rettung gibt es nicht!

Gela (2015/2016)

Rezept für schöne Lebensjahre

Das Leben lieben,
am Schönen sich freu'n,
das Rechte stets tun,
die Arbeit nicht scheu'n,
an Gutes stets glauben
und niemals verzagen,
alles im Leben
humorvoll ertragen.
So soll man es machen
und macht man es so –
dann bleibt man immer
gesund und froh.

Gela, (01.2016)

Der bunte Falter

Zwei Jobs muss man heute wohl haben,
zählt man sich nicht zu den Beamten.
Du schuftest dich durch bis zum Begraben,
darfst nicht krank sein und nicht klagen,
so ist's bei all deinen Bekannten.

Es wäre schön, gäb es noch ein soziales Gewissen,
doch niemand sagt zu dir: „Gib Ruh'".
Unmerklich wird der Mensch verschlissen,
doch macht er weiter, ganz verbissen,
bis ihm fall'n die Augen zu.

Rennst in deinem Hamsterrad,
weißt nicht, was sonst werden soll.
Denn das Geld, das langt mal grad,
das Leben ist ein Trampelpfad,
denkst du dir sorgenvoll.

Willst noch sparen für Dein Alter
und 'nen Urlaub, ab und zu.
Siehst Du noch dort – den bunten Falter?
Leg um, im Kopf, den kleinen Schalter!
Dein Leben ändern – das kannst nur Du!

Carmen Sabernak

Mein Abschiedsgruß

Glück
wünsche ich Dir
viel Sonne, Wärme
und Licht

Freude
wünsche ich Dir
lachen und
Fröhlichsein

Kraft
wünsche ich Dir
Mut, Stärke und
Zuversicht

Liebe
wünsche ich Dir
Erfüllung all
Deiner Träume.

Gabriele Mewes

GELA (Jahrgang 1943)
Hobbies: Theatergruppe, Wandern

Susanne (Jahrgang 1987)
Ist in Potsdam geboren und aufgewachsen. Sie lebt mit ihrem Sohn und einem Hund noch heute in Potsdam und arbeitet schon seit ihrer Ausbildung bei der Arbeiterwohlfahrt. Nachdem sie eine Seniorenfreizeitstätte in Werder und später dann in Potsdam geleitet hat, arbeitet Sie jetzt bei der AWO Teltow als Projektleiterin Inklusion. Dort setzt sie sich für Menschen mit und ohne Behinderung in Teltow, Stahnsdorf und Kleinmachnow ein.

Ihre Hobbys sind Lesen, Wandern und Malen.

Jeanette Lamprecht (Jahrgang 1946)
Sie ist in Leißling/Saale aufgewachsen und wurde an der „DBL-Deutsche-Buchhändler-Lehranstalt-Leipzig) zur Buchhändlerin ausge-

bildet. In diesem Beruf arbeitete sie bis Mitte 2006. Seit 1975 war sie Buchhandlungs-Leiterin u.a. in Weißenfels, Potsdam und Neuseddin.

Seit Mitte 2006 ist sie Rentnerin, hat aber noch immer freundliche Kontakte zu Buchhändlern und Verlegern, verfolgt das Zeitgeschehen und freut sich über gemeinsame Stunden mit der Familie.

Gabrielle Mewes (Jahrgang 1953)
In Dresden geboren und aufgewachsen. Nach der Ausbildung zog Sie nach Kleinmachnow und arbeitete in Potsdam.
Sie schrieb schon als Kind gern über ihr Leben in kleinen Geschichten und Gedichten.
Sie wohnt in Ruhlsdorf und hat 3 Kinder, die sie regelmäßig inspirieren – Neues zu schreiben.

Carmen Sabernak (Jahrgang 1958)
Schreibt am liebsten mit Blick auf das Meer oder auf ihrer Rosenbank im Familiengarten.

Bisher erschienen

Aus der Reihe „Perlen unserer Erinnerung"
sind bereits erschienen:

„Hannas Weihnachtsengel"
erschienen 2013 im BoD Verlag

ISBN: 9783732280414

Preis: 5,00 Euro

„Begegnungen im Leben"
erschienen 2013 im BoD Verlag

ISBN: 9783732280889

Preis: 5,00 Euro

„Verlust und Wiederfinden"
erschienen 2015 im BoD Verlag

ISBN: 9783734745812

Preis: 5,00 Euro

„Elli"
erschienen 2015 im BoD Verlag

ISBN: 9783734769276

Preis: 5,00 Euro

„Mein Berlin - Mitten mang und Dichte bei"
erschienen 2015 im BoD Verlag

ISBN: 9783738613599
Preis: 5,00 Euro

„Am Wege blüht Vergissmeinnicht"
erschienen 2015 im BoD Verlag

ISBN: 9783738629262
Preis: 5,00 Euro

„Singen und Wandern - das ist unser Leben"
erschienen 2015 im BoD Verlag

ISBN: 9783738659931
Preis: 5,00 Euro